SICHERHEITSHINWEISE

Lassen Sie Wachs nur unter Aufsicht schmelzen.

•••X•X•X•••

Erhitzen Sie Wachs niemals in einem einzelnen Topf direkt auf der Herdplatte, da sich das Wachs bei einer zu hohen Temperatur von selbst entzünden kann. Die sicherste Methode ist das Schmelzen im Wasserbad.

•••X•X•X•••

Falls das Wachs wirklich einmal zu heiß werden sollte (dies passiert nicht, wenn Sie ein Thermometer verwenden) und zu rauchen beginnt, bewegen Sie den Topf nicht!
Falls das Wachs zu brennen beginnen sollte, ersticken Sie die Flammen mit einem feuchten Lappen oder mit dem Topfdeckel. Gießen Sie auf keinem Fall Wasser auf die Flammen!

•••X•X•X•••

Halten Sie brennbare Stoffe von der Wärmequelle fern, damit nichts Feuer fangen kann.

•••X•X•X•••

Geschmolzenes Wachs wird niemals in den Ausguss gegeben.

•••X•X•X•••

Halten Sie Babys und Tiere fern vom Arbeitsbereich.

•••X•X•X•••

Falls heißes Wachs mit der Haut in Berührung kommt, kühlen Sie sie sofort mit fließendem kalten Wasser.

•••X•X•X•••

Legen Sie den Arbeitsbereich mit Zeitungen aus, damit Wachstropfen aufgefangen werden. Falls trotzdem Wachs auf die Arbeitsfläche gerät: Es kann von den meisten Oberflächen nach dem Trocknen abgehoben werden. Wachstropfen auf Textilien werden mit dem Bügeleisen zwischen einigen Lagen saugfähigem Papier ausgebügelt.

KERZENGIESSEN UND -FORMEN MIT KINDERN

Kerzengestalten ist eine pädagogisch wertvolle Beschäftigung für Kinder. Sie sollten jedoch unbedingt folgende Sicherheitshinweise beachten:
Machen Sie alle beteiligten Kinder auf die Gefahren aufmerksam, bevor Sie mit der Arbeit beginnen.
Ein Erwachsener sollte unbedingt die Herstellung der Kerzen überwachen.
Halten Sie den Arbeitsbereich frei von Hindernissen.
Lassen Sie Kinder grundsätzlich kein Wachs schmelzen.
Kinder über zehn Jahren können unter Aufsicht das Wachs gießen.
Verwenden Sie als Schmelzgefäß einen Topf mit Eingussrille und einem Griff, der sich nicht erhitzen kann.
Achten Sie darauf, dass keine Wachsreste in den Ausguss gegossen werden.
Neben dem Gießen können die Kinder auch andere Arbeitsgänge übernehmen, z.B. das Aussuchen der Gießform und der Farben für die Kerze. Außerdem können Sie die Dochtlänge und Farbmenge abmessen, die Form abdichten, den Docht einlegen und die Kerze mit buntem Modellierwachs verzieren.
Auf den Seiten 23 und 24 finden Sie Vorschläge, wie selbst Kleinkinder in die Kerzenherstellung einbezogen werden können.

EDITORIAL

KERZEN STRAHLEN WÄRME AUS UND VERBREITEN DURCH IHR GEDÄMPFTES LICHT EINE ANGENEHME UND WOHNLICHE ATMOSPHÄRE. WAR DIE KERZE IN FRÜHEREN ZEITEN HAUPTSÄCHLICH EIN GEBRAUCHSGEGENSTAND, DER NOTWENDIGES LICHT LIEFERTE, SO WIRD SIE HEUTE ZUR DEKORATION IM TÄGLICHEN LEBEN UND BEI BESONDEREN ANLÄSSEN WIE FESTEN VERWENDET. DIE EIGENSCHAFT VON KERZEN, DURCH DEN SANFTEN FEUERSCHEIN EINE ENTSPANNTE STIMMUNG ZU ERZEUGEN, MACHT SIE GERADE IN UNSERER HEKTISCHEN ZEIT BEI ALT UND JUNG BELIEBT.

KERZEN VERSCHIEDENER FARBE, DÜFTE UND FORMEN LASSEN SICH MITTLERWEILE DANK DES GROSSEN ANGEBOTS VON MATERIAL LEICHT SELBST HERSTELLEN. DIE IDEEN IN DIESEM BUCH RICHTEN SICH AN GANZ UNTERSCHIEDLICHE GESCHMÄCKER UND VORLIEBEN UND SOLLEN AUCH IHRE EIGENE FANTASIE UND EXPERIMENTIERFREUDIGKEIT ANREGEN.

SIE WERDEN SEHEN, WIE UNENDLICH DIE GESTALTUNGSMÖGLICHKEITEN SIND! NEBEN BEREITS FERTIGEN FORMEN ZUM KERZENGIESSEN BIN ICH AUF EINE VIELFALT VON ALTERNATIVEN GESTOSSEN. SELBST RECYCLING-MATERIALIEN KÖNNEN SIE ALS KERZENGIESSFORMEN VERWENDEN! DIES VERHILFT GERADE JUNGEN LEUTEN ZU EINEM PREISWERTEN HOBBY.

KERZEN SELBST HERZUSTELLEN WIRD SICHER AUCH SIE FASZINIEREN!

VIEL SPASS BEIM GIESSEN, FORMEN UND EXPERIMENTIEREN WÜNSCHT IHNEN

IHRE

ANNETTE KUNKEL

INHALT

VORWORT 1

SICHERHEITSHINWEISE 4

KERZENGIESSEN UND -FORMEN MIT KINDERN 4

MATERIAL UND WERKZEUG 5

SO WIRD'S GEMACHT! 8

MODERNE VARIANTEN DER KLASSISCHEN KERZE 10

BIENENWACHSKERZEN 14

RUSTIKALKERZEN AUS GESCHLAGENEM WACHS 16

PLATTENKERZEN 18

LOTOSKERZEN 20

KERZEN MIT NATUREINSCHLÜSSEN 22

GIESSEN IN DEKORATIVE GEFÄSSE 23

LEUCHTKERZEN IM MILLEFIORI-LOOK 24

NATURGETREUE KERZEN 25

KERZEN-GELWACHS 28

KERZENSAND 30

WEITERE MATERIALHINWEISE 31

IMPRESSUM 32

MATERIAL UND WERKZEUG

MATERIAL UND WERKZEUG

Abbildung Seite 5

Das brauchen Sie als Grundausstattung:
• Herdplatte • Topf • Schmelzgefäß • Wachsgranulat
• Wachsfarbpigmente • Dochte • Gießformen
• Schaschlikspieße aus Holz und Metall • evtl. Duftstoffe
• Knetmasse • Thermometer • Küchenrolle

WACHSE

BIENENWACHS ist das älteste für Kerzen verwendete Material. Es hat hervorragende Brenneigenschaften, eine extrem lange Brenndauer und entwickelt beim Abbrennen einen angenehmen Duft. Leider ist es relativ teuer und wird dadurch häufig nur als Veredelungsstoff bei der Kerzenherstellung eingesetzt.
Bienenwachs ist schwer zu verarbeiten. Durch seine zähflüssige Konsistenz klebt es beim Gießen leicht an der Form fest. Der Schmelzpunkt liegt bei 65°C.

PARAFFIN ist das gebräuchlichste und preiswerteste Wachs. Es ist ein Raffinerieprodukt und in Pastillenform erhältlich.
Durch den niedrigen Schmelzpunkt von 54°C, die sehr gute Fließfähigkeit und den niedrigen Ölgehalt entwickelt Paraffin ausgezeichnete Brenneigenschaften ohne Geruchsbelästigung.
Paraffin ist leicht transparent, eine Eigenschaft, die man bei einigen modernen Kerzenformen benötigt.

STEARIN ist ein Naturmaterial und lässt Kerzen auf Grund seiner kristallinen Struktur milchigweiß aussehen. Diese Eigenschaft ist beim Einfärben besonders vorteilhaft.
Durch Stearin wird auch die Brenneigenschaft, besonders die Brenndauer der Kerze verbessert.
Wird Stearin zum Kerzengießen verwendet, bekommt die Kerze eine glasige kristalline Struktur, was gerade bei dicken Kerzen sehr interessant wirken kann.
Der Schmelzpunkt liegt bei 74°C.

DOCHTE

Die meisten Dochte bestehen aus geflochtener Baumwolle und werden im Handel als Rund- und Flachdochte in gewachster und ungewachster Form angeboten.
Bei den Runddochten muss man die Markierung der Brennrichtung beachten. Bei Rollenware ist das Dochtende immer die Dochtspitze. Die Dochtstärke sollte auf die Dicke der Kerze abgestimmt sein. Bei einem zu dicken Docht brennt die Kerze zu schnell ab und rußt. Ein zu dünner Docht höhlt die Kerze aus.
Größenangaben zu den für die jeweiligen Dochte geeigneten Kerzen finden Sie auf der Verpackung der Dochte.

FARBSTOFFE

Wachsfarben werden im Handel in Form von Farbstiften und Tabletten angeboten. Die Dosierung der Farbe ist auf der Verpackung angegeben.
Neuerdings sind hochpigmentierte Farbstoffe in Plättchenform erhältlich. Mit diesen Farben können Sie auch Kerzen in sehr kräftigen Farbtönen herstellen.
Wenn das Wachs noch flüssig ist, ist die endgültige Farbgebung der Kerze nur schwer zu erkennen. Sie können diese austesten, indem Sie mit dem Löffel etwas Wachs auf einen weißen Pappuntergrund tropfen und erstarren lassen.

DUFTSTOFFE

Besondere Duftöle und normale ätherische Öle können Wachs problemlos zugesetzt werden. Sie verbreiten beim Abbrennen der Kerze durch ihr angenehmes Aroma ein stimmungsvolles Ambiente.
Der Duftstoff wird vor dem Gießen in das flüssige Wachs gerührt. Verwenden Sie höchstens zehn Tropfen Öl pro Kilogramm Wachs und dosieren Sie am besten mit einer Pipette.

GIESSFORMEN

KUNSTSTOFFFORMEN sind hochwertige Gießformen aus hitzebeständigem Kunststoff. Sie sind in den verschiedensten Formen erhältlich. Die Kerzen sind leicht entformbar.

LATEXFORMEN bestehen aus dem hochflexiblen Material Latex und sind als Kugel, Ei- oder Früchteform erhältlich. Sie können aus Latexmilch auch selbst Gießformen herstellen. Wie dies gemacht wird, wird auf Seite 25 beschrieben.

PAPPFORMEN mit Alubeschichtung sind preiswerte Gießformen, die es in verschiedenen Größen im Fachhandel zu kaufen gibt.
Die gleichen Gefäße finden Sie viel preisgünstiger auch in den verschiedensten Formen im Supermarkt als Lebensmittelverpackung von Cappuccino-, Kaffee- und Kakaoinstantpulver, Kartoffelchips, Suppen und Soßenpulver usw.

PAPPMACHÉDOSEN, die in großer Formenvielfalt im Hobbyfachgeschäft angeboten werden, sind ebenfalls sehr gut geeignet.
Im Haushalt finden Sie weitere Gefäße, die zum Gießen zweckentfremdet werden können, u.a. auch Recyclingmaterialien.

EINSCHMELZEN VON KERZENRESTEN

Kerzenreste von hochwertigen Kerzen können Sie selbstverständlich wieder einschmelzen und zum Kerzengießen verwenden. Entfernen Sie vor dem Schmelzen den Docht und alle Rußteile.

Reste von oberflächenbehandelten Kerzen sollten Sie nicht wieder verwenden: Die Farbschicht ist oft aus nicht unbedenklichen Stoffen und verunreinigt beim Schmelzen das Wachs. Außerdem sollten Sie keine billige Importware zum Einschmelzen kaufen. Solche Kerzen sind oft aus minderwertigen Wachsen hergestellt.

VORBEREITUNGEN

Arbeiten Sie am besten in der Nähe eines Elektroherdes oder einer Heizplatte und decken Sie Ihren Arbeitsplatz großzügig mit Zeitungspapier ab. Alle Arbeitsmaterialien werden bereitgestellt.
Berechnen Sie die Wachsmengen für Ihre Form. Dazu wird die Gießform mit Wasser gefüllt und die benötigte Wassermenge wird mit einem Messbecher abgemessen. 100 ml Wasser entsprechen 90 g festem Wachs.
Bevor Sie den Docht einziehen, trocknen Sie die Form wieder sorgfältig aus.

Bei einer aluminiumkaschierten Pappform verwenden Sie den Kunststoffdeckel als Unterseite der Form. Stechen Sie zum Durchfädeln des Dochtes ein Loch in die Mitte des Kunststoffdeckels. Lebensmittelbehälter dieser Art haben meistens einen Weißblechboden. Entfernen Sie diesen mit einem Dosenöffner, damit Sie eine Öffnung zum Eingießen des Wachses erhalten.
Bei einer Latexform stechen Sie ein möglichst kleines Loch für den Docht in die Form.
Elauformen (Milch- und Safttüten) schneiden Sie in gewünschter Höhe ab. Für den Docht wird ein Loch in die Unterseite des Gefäßes gestochen.

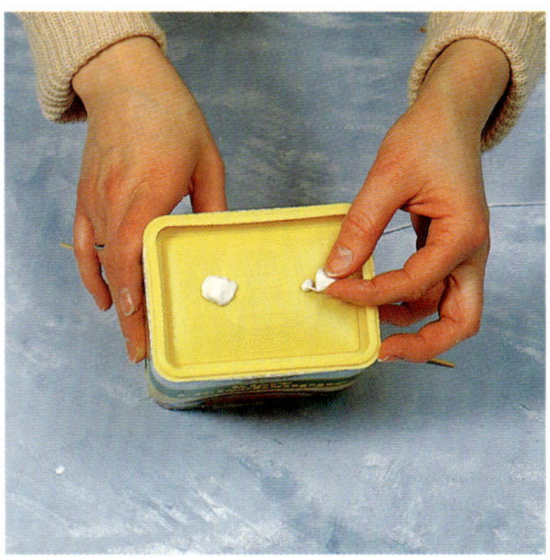

Bei Pappmachéformen verfahren Sie genauso.
Die Dochte werden wie nachfolgend beschrieben eingezogen.

EINZIEHEN DES DOCHTES IN DIE GIESSFORM

Knüpfen Sie an das eine Dochtende einen Doppelknoten und schneiden Sie ihn in der erforderlichen Länge ab. Fädeln Sie den Docht nun von unten so in die Kunststoffform, dass der Knoten die vorgesehene Öffnung verschließt. Zusätzlich können Sie die Öffnung noch mit Knetmasse abdichten.
Machen Sie in Höhe des Formenrandes einen Knoten und stecken Sie einen Schaschlikspieß hindurch. Richten Sie den Knoten mittig aus. Auf dem Foto wird eine Kerze mit zwei Dochten gegossen. Hier sehen Sie auch, wie in diesem Fall die Schaschlikstäbe angeordnet und die beiden Dochte daran befestigt werden.

MEHRDOCHTKERZEN

Fertigen Sie eine Pappschablone im Durchmesser Ihrer Kerzenform an. Diese Schablone wird in drei oder vier Segmente eingeteilt. Markieren Sie jeweils die Mitte jedes Segments. Legen Sie nun drei bzw. vier Schaschlik- oder Holzstäbe auf die Markierung und binden Sie diese an der Kreuzstelle mit einem Draht zusammen.

Vierdochtkerze:

Schablone mit 4 Segmenten

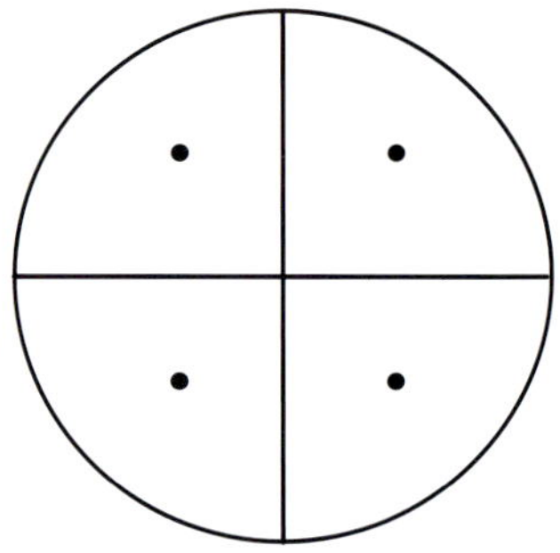

Positionierung der 4 Schaschlikstäbe

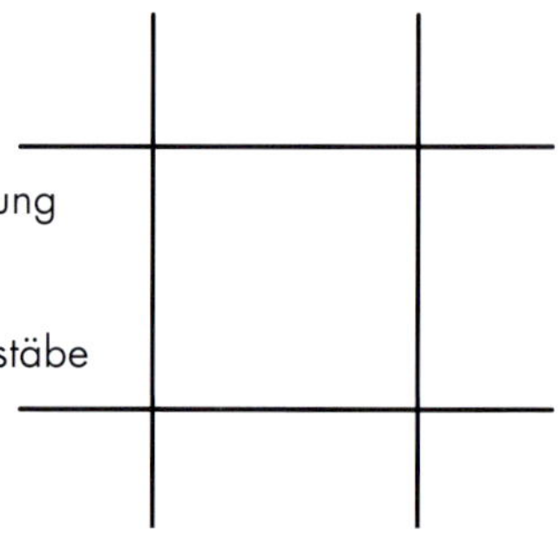

Dreidochtkerze:

Schablone mit 3 Segmenten

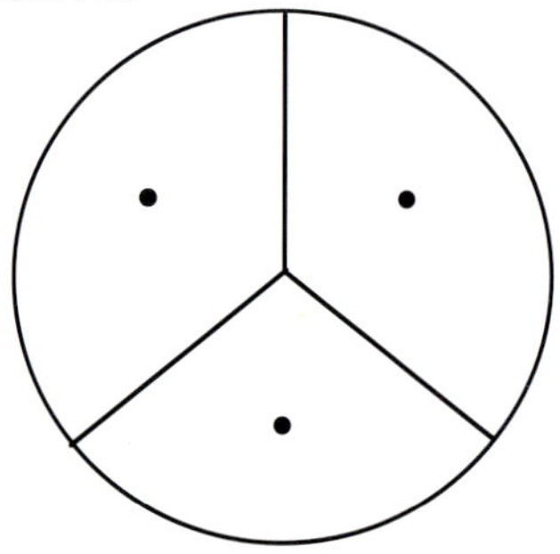

Positionierung der 3 Schaschlikstäbe

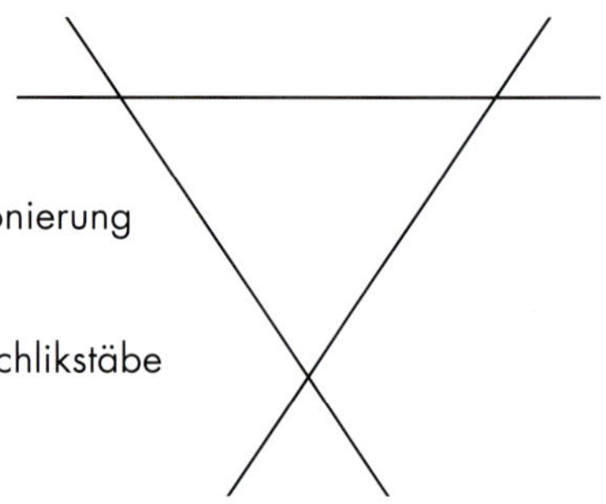

Nun legen Sie die Schablone auf die Unterseite der Gießform und stechen durch die Markierung hindurch jeweils ein Loch für den Docht. Um ein gutes Abbrennergebnis zu erzielen sollten Sie die Dochtstärke nach der Größe des einzelnen Segmentes wählen.
Ziehen Sie den Docht wie links beschrieben ein und knoten Sie ihn an die Verbindungsstellen der Stäbe.

DAS GIESSEN EINER KLASSISCHEN KERZE

Sie brauchen:
Topf • Schmelzgefäß (ideal ist ein Topf mit Eingussrille oder eine Blechdose) • Stearin • Paraffinwachs • Färbestäbchen • evtl. Duftöle • Thermometer

Der Hauptbestandteil einer klassischen Kerze ist Paraffin. Zur Verbesserung der Brenneigenschaft fügt man noch 10 % Stearin hinzu.
Eine längere Brenndauer und den typischen Bienenwachsduft erhalten Sie, indem Sie zusätzlich noch 20 % Bienenwachs hinzugeben.
Im Handel gibt es auch Wachsgranulat in dieser Mischung fertig zu kaufen.
Bevor Sie mit dem Gießen beginnen, beachten Sie bitte die Sicherheitshinweise auf Seite 4.

Stellen Sie ein hitzefestes Gefäß z.B. einen Blechtopf mit Griff und Eingussrille (alternativ eine Konservendose) in ein mit etwas Wasser gefülltes Gefäß. Beachten Sie, dass das Wachs bei einer niedrigeren Temperatur als der Siedepunkt von Wasser schmilzt. Daher genügt es das Wasser nur köcheln zu lassen. Wegen seines höheren Schmelzpunktes wird grundsätzlich immer zuerst Stearin im Wasserbad geschmolzen.
Geben Sie die Farbpigmente zu und rühren Sie solange, bis sie sich gleichmäßig verteilt haben.
Nun wird das Paraffinwachs zugefügt und die Schmelzmasse auf 80°C erhitzt. Lassen Sie das Wachs 5–10 Minuten abkühlen.
Falls Sie die Kerze beduften wollen, setzen Sie ein Paar Tropfen Duftöl zu.
Um die Farbpigmente gleichmäßig zu verteilen rühren Sie das Wachs vor dem Eingießen in die Form noch einmal kurz um.
Achten Sie beim Eingießen darauf, dass Sie die Form nur bis ca. 1 cm–2 cm unter den Formenrand füllen.
Damit die Luftblasen entweichen, klopfen Sie nach dem Eingießen vorsichtig an den Formenrand.
Beim Abkühlen des Wachses bildet sich ein Krater, den Sie mit heißem Wachs nachfüllen müssen.
Sie können die Abkühlzeit beschleunigen, indem Sie die Form in eine Schüssel mit kaltem Wasser stellen.

ENTFORMEN

Nachdem das Wachs vollständig abgekühlt und die Kerze gut durchgehärtet ist, wird die Knetmasse entfernt und der bzw. die Knoten auf der Unterseite der Form werden gelöst.
Umfassen Sie den Schaschlikspieß und ziehen Sie die Kerze aus der Form. Achtung: Wenn die Kerze nicht vollständig durchgehärtet ist, ziehen Sie den Docht und nicht die Kerze aus der Form!

Wenn sich die Kerze nicht aus der Form löst, tauchen Sie die Form kurz in heißes Wasser.
Da der Docht oben und unten aus der Kerze hinausragt, können Sie bei symmetrischen Kerzen jetzt entscheiden, welche Seite Sie als Oberseite benutzen wollen. Schneiden Sie den Docht auf der unteren Seite ab und glätten Sie den Kerzenboden, indem Sie ihn auf dem Boden des erhitzten Schmelzgefäßes etwas anschmelzen.

REINIGEN DER UTENSILIEN

Entfernen Sie bei sämtlichen Utensilien das Wachs. Es löst sich am besten, wenn Sie alle Geräte mit Wachsresten in sehr heißes Wasser legen.
Gießen Sie dieses Wasser nach der erfolgten Reinigung auf keinen Fall in den Ausguss, da sich das Wachs an den Rohren ablagert. Lassen Sie das Wasser erkalten und gießen Sie es durch einen Sieb um die Wachsreste aufzufangen. Alle Geräte werden mit einem Küchenvlies abgetrocknet und anschließend noch einmal in warmem Seifenwasser gespült.

MODERNE VARIANTEN DER KLASSISCHEN KERZE

SCHICHTKERZEN

Mehrfarbige Kerzen lassen sich am einfachsten aus mehreren Wachsschichten, die nacheinander in die Form gegossen werden, herstellen.
Waagrechte Streifenmuster entstehen, wenn die Form beim Gießen gerade steht. Kippen Sie die Form dagegen in einem bestimmten Winkel, liegen die Schichten schräg.
Achten Sie beim Gießen von schrägen Schichten darauf, dass die Form sicher steht und nicht kippen kann.

Nach dem Gießen und Erkalten der ersten Schicht wird vorsichtig mit einem Bleistift an der Oberfläche geprüft, ob sie hart genug ist.
Kippen Sie nun die Form in die entgegengesetzte Richtung und füllen Sie die nächste Wachsschicht ein.
Auf diese Weise können Sie gut farbige Wachsreste verbrauchen.

GIESSEN IN GESCHLOSSENEN GEFÄSSEN

In jedem Haushalt finden sich eine Menge dekorativer Formen, in denen Sie wunderschöne Kerzen gießen können, z.B. Kuchenformen, Porzellanpuddingformen und Plastikschüsseln (siehe Seite 17). Der Nachteil bei diesen Formen ist, dass man keinen Docht durchziehen kann und es besteht die Möglichkeit, dass sich die Kerze nicht aus der Form löst.

Stearin mit seinen speziellen Eigenschaften sorgt dafür, dass die Kerzen leichter aus der Form gleiten. Bei geschlossenen Formen sollten Sie daher dem Paraffin mindestens 20 % Stearin zufügen.

Den Docht ziehen Sie bei geschlossenen Gefäßen folgendermaßen ein: Machen Sie an einem Dochtende einen ganz lockeren Knoten. Umhüllen Sie diesen mit etwas Knetmasse und drücken Sie diese in die Mitte des Formbodens. Die Knetmasse haftet an der Form. Fixieren Sie das obere Dochtende mit einem Holzstäbchen am Formenrand, bevor Sie das Wachs eingießen.

Zum Abkühlen wird die Form in kaltes Wasser oder in den Kühlschrank gestellt. Durch die Kälteeinwirkung zieht sich das Wachs zusammen und die Kerze lässt sich leichter aus der Form lösen.

Nach dem Entformen entfernen Sie die Knetmasse mit einem Messer und lösen den Knoten.

GIESSEN IN DER PLASTIKTÜTE

Füllen Sie zunächst heißes Wasser in die ausgewählte Plastiktüte um zu prüfen, ob sie der Wachstemperatur standhält und ob sie Löcher hat. Ideal zum Gießen sind Kaffeetüten und Nachfüllbeutel für Flüssigwaschmittel. Beide haben einen Boden und sind relativ stabil.

Ziehen Sie den Docht ein und dichten Sie das Loch mit Knetmasse zusätzlich ab. Die Tüte wird in ein passendes Gefäß gestellt. Der Docht wird mit etwas Knetmasse am inneren Boden der Tüte befestigt und mit einem Holzstäbchen am Gefäßrand fixiert.

Befestigen Sie die Tüte evtl. mit Wäscheklammern am Gefäßrand, damit sie nicht absacken kann. Das Wachs muss erst etwas abkühlen, bevor es eingegossen werden kann. Um eine bessere Standfestigkeit der Kerze zu erreichen ist es sinnvoll zunächst den Boden ca. 2 cm hoch zu füllen. Sobald diese erste Schicht etwas erhärtet ist, füllen Sie die Tüte ca. bis zur Hälfte. Nehmen Sie die Tüte aus dem Gefäß, solange das Wachs noch lauwarm und weich ist. Nun lässt sich das Wachs mit den Händen in die gewünschte Form bringen. Verengen Sie die Tüte auf halber Höhe mit der Hand und binden Sie sie mit einer Schnur ab.

Sobald das Wachs starr ist, entfernen Sie die Schnur und ziehen die Plastiktüte vorsichtig ab.

Variante: Für die orangefarbene Kerze wurde aus einer stärkeren Plastikfolie ein Kreis geschnitten, der in eine kleine Schüssel gelegt wurde. Dann habe ich das Wachs eingegossen. Die Einbuchtungen erinnern an eine Blütenform und entstehen von allein. Solche Kerzen können Sie auch als Schwimmkerzen benutzen.

Die fliederfarbene Kerze besteht aus reinem Stearin. Stearin ist zwar teurer als Paraffin, brennt aber wesentlich länger. Durch das Paraffin erhält die Kerze zudem eine kristalline Struktur, die gerade bei dicken Kerzen interessant wirkt. Sie können solche Kerzen aber auch mit der klassischen Wachsmischung anfertigen.

SCHWIMMKERZEN

Neben der Grundausstattung zum Kerzengießen brauchen Sie:
• Wachsmischung Paraffin + 20 % Stearin • verschiedene Formen • gewachsten Docht

Die Gießformen sollten flach und breit sein, damit die Kerzen später schwimmen. Im Handel werden spezielle Kunststoffformen für Schwimmkerzen angeboten. Sie können aber auch Sandformen, kleine Back- und Puddingformen sowie Muscheln benutzen.

So wird's gemacht:
Das Wachs wird wie auf Seite 9 beschrieben geschmolzen. Nach Belieben können Sie Duftöle und Farbstoffe zugeben und anschließend das Wachs in die Form gießen. Nach ca. 5 Minuten beginnt sich eine Haut auf der Oberfläche zu bilden. Das ist der richtige Zeitpunkt um den Docht in die Mitte der Kerze stecken. Halten Sie ihn kurz fest, damit er nicht umkippt. Die Kerzenformen sollten Sie für einige Stunden in den Kühlschrank stellen, bis das Wachs ausgehärtet ist.

Wenn Sie die Form nach dem Härten umstülpen, fällt die fertige Kerze einfach heraus.

TIPP *Verwenden Sie nur feuerfeste Gefäße als Wasserbehälter für Ihre Schwimmkerzen.*

EIERSCHALENKERZEN

Die im großen Foto links unten abgebildeten Eierschalenkerzen werden genauso gegossen wie die Schwimmkerzen.

Stellen Sie die sauberen Schalenhälften in einen Eierkarton um Standfestigkeit beim Gießen zu erreichen.

Als Erstes wird weißes Wachs eingegossen. Nach ca. 5 Minuten stecken Sie den Docht ein. Nachdem das Wachs erstarrt ist, gießen Sie noch etwas gelbes Wachs als Eidotter in die Mitte.

TIPP

Eierschalenkerzen können Sie noch schneller herstellen, wenn Sie die Eierschalen mit weißem und gelbem Kerzensand füllen.

BIENEN-WACHS-KERZEN

Bienenwachs ist ein kostbarer Naturstoff mit einem ganz unverwechselbaren Duft. Es ist in Pastillenform oder in Wabenplatten erhältlich. Aus Wabenplatten kann man schnell dekorative Kerzen rollen.

GEGOSSENE BIENENWACHSKERZEN

Aus reinem Bienenwachs Kerzen zu gießen ist etwas schwierig, da es durch seine zähflüssige Konsistenz an der Form klebt. Dem Ankleben kann man vorbeugen, indem man z.B. hochflexible Latexformen oder Recyclingformen, die man aufreißen kann, z.B. Elautüten (Milch- und Safttüten), benutzt.

Folgende Kerzenarten können Sie ohne Schwierigkeiten aus Bienenwachs gießen:

- Schwimmkerzen
- Kerzen mit Natureinschlüssen
- Kerzen in schönen Gefäßen
- in der Plastiktüte gegossene Kerzen

Da Bienenwachs zähflüssig ist und dadurch schlechter brennt, sollte man die Dochte eine Stärke dicker als bei herkömmlichen Kerzen wählen. Vorteilhaft ist es einen gewachsten Docht zu verwenden.

Die Herstellung von Bienenwachskerzen gleicht der von klassischen Kerzen (siehe Gießanleitung Seite 9).

GEROLLTE BIENENWACHSKERZEN

Sie brauchen:
• Wabenplatten • gewachste Dochte • Lineal • Messer oder Cutter

So wird's gemacht:
Legen Sie die Wachsplatte auf eine saubere, flache Arbeitsfläche und schneiden Sie einen Docht zurecht. Er sollte ca. 1 cm länger sein als die Schmalseite der Wachsplatte. Der Docht wird auf eine der Schmalseiten der Wachsplatte gelegt und leicht angedrückt. Falls das Wachs zu starr ist um den Docht einzudrücken, erwärmen Sie es kurz mit dem Föhn. Biegen Sie die Wachsplatte vorsichtig über den Docht und rollen Sie sie langsam auf. Achten Sie dabei immer darauf, dass der zukünftige Kerzenboden eben bleibt.
Die einzelnen Rollschichten sollten gut angedrückt werden. Am Ende des Rollvorgangs wird die Kante besonders fest angedrückt, damit sich die Kerze später nicht aufwickeln kann. Schneiden Sie den Docht auf 1 cm Länge zurück.

Spiralförmige Variante: Legen Sie die Wachsplatte auf eine gerade Arbeitsfläche. Das Lineal wird diagonal angesetzt und mit dem Messer wird die Platte in zwei längliche Dreiecke geschnitten.
Legen Sie nun den Docht auf und verfahren Sie genauso wie bei den gerollten Bienenwachskerzen beschrieben.

RUSTIKAL-KERZEN AUS GESCHLAGENEM WACHS

Neben der Grundausstattung zum Kerzengießen brauchen Sie:
• Wachsmischung Paraffin + 20 % Stearin • Dochte
• Gabel oder Schneebesen
• Schüssel • diverse Gießformen

So wird's gemacht:
Kerzen aus geschlagenem Wachs haben eine sehr effektvolle poröse Oberfläche. Das Wachs wird wie bei der Anleitung für klassische Kerzen (Seite 9) geschmolzen.

Gießen Sie das Wachs in eine Schüssel. Wenn sich auf dem Wachs eine Haut zu bilden beginnt, neigen Sie die Schüssel leicht und beginnen damit es mit einer Gabel oder einem Schneebesen zu schlagen. Dadurch wird das Wachs langsam dickflüssig.
Gießen Sie die Masse zügig in die mit Docht vorbereitete Form. Die in der Schüssel verbleibenden Wachsreste werden oben auf die Kerze gelöffelt; dadurch entsteht der unebene rustikale Kerzenabschluss.
Wenn Sie oben eine glatte Oberfläche wünschen, benutzen Sie einfach das untere Ende später als Oberseite.
Je länger Sie das Wachs während des Abkühlprozesses schlagen, desto schaumiger wird es.
Die beiden Schneeballkerzen links entstehen, indem man runde weiße Kugelkerzen mit „Wachsschnee" umhüllt.
Sehr ansprechend wirken auch große bis sehr große Mehrdochtkerzen, die in dieser Technik gegossen werden.
Diese Kerzen aus geschlagenem Wachs können auch in mehreren Etappen gegossen werden. Die Schichten, die dabei entstehen, unterstreichen den rustikalen Look.

ALTERNATIVE KERZENGIESSFORMEN

Leider gibt es im Handel kaum Formen für moderne Kerzen wie z.B. Mehrdochtkerzen oder quaderförmige Kerzen. Sehr gut kann man sich dafür mit aluminiumkaschierten Pappformen oder

Tetrapacks behelfen. Milch- oder Saftverpackungen gibt es auch im quaderförmigen Format. Tetrapacks sind übrigens für alle Kerzenarten geeignet (siehe Kerzen Seite 11).
Wenn Sie eine Kerze im Riesenformat gießen möchten, fragen Sie z.B. in einer Großküche nach einem geeigneten Gefäß.
Kartonverpackungen: Bedingt geeignet sind auch Kartonverpackungen. Um eine Formstabilität zu gewährleisten sollte die Pappschicht relativ dick sein. Außerdem sollte sie außen eine hochglänzende oder noch besser eine Metallbeschichtung haben, damit das Wachs nicht durch die Pappschicht nach außen treten kann. Trennen Sie die Naht vorsichtig auf und kleben Sie die Form umgekehrt zusammen, sodass die Außenbeschichtung innen liegt. Achten Sie darauf, dass Sie die Nahtstellen außen anlegen, damit sie keine Abdrücke auf der Kerze hinterlassen. Am besten überklebt man die Nahtstellen zusätzlich mit Paket- oder Isolierband. Eine weitere Sicherheit beim Gießen bietet das Einstellen dieser Form in ein Sandbett (siehe Skizze Seite 20). Solche Gießformen sollten Sie jedoch nur für Kerzen aus geschlagenem Wachs benutzen, da nur dieses im abgekühlten Zustand eingegossen wird.
Pappmachédosen: Im Bastelgeschäft erhalten Sie Pappmachédosen in vielen Formen und Größen. Diese Formen sind besonders gut zum Gießen geeignet und erlauben es Ihnen auch außergewöhnliche Kerzen z.B. in Herz-, Stern- oder Tannenbaumform herzustellen.
Um ein Ankleben der Gießmasse am Formenrand zu verhindern, füllt man Wasser in die Form und gießt es gleich wieder aus. Stellen Sie die angefeuchtete Form in das Gefrierfach, damit sich eine dünne Eisschicht bildet.
Zum Einziehen des Dochtes stechen Sie ein Loch in die Unterseite des Gefäßes. Jetzt können Sie die Form wie gewohnt ausgießen.
Pappmachédosen sind wie auch Tetrapacks für alle Kerzenarten geeignet.

PLATTEN-KERZEN

Neben der Grundausstattung zum Kerzengießen brauchen Sie:
• Wachsmischung klassische Kerze • gewachste Dochte • Kuchenblech • Backpapier • Margarine zum Einfetten • Nadel • Tortenmesser • Pappschablonen

Bei dieser Kerzenart werden durch das Gießen von Wachs auf ein Kuchenblech zunächst Wachsplatten gegossen, die man dann zugeschnitten verschiedenartig formen kann.

So wird's gemacht:
Schneiden Sie das Backpapier so zu, dass es ca. 2 cm über den Rand des Kuchenblechs hinausragt. Das Blech wird mit Margarine eingefettet und das Backpapier so ausgelegt, dass es überall auf dem Blech haftet.
Um die richtige Wachsplattenstärke (ca. 3 mm–4 mm) zu erhalten, benötigen Sie für ein Blech von durchschnittlicher Größe ca. 300 g Wachs.
Schmelzen Sie das Wachs im Wasserbad und gießen Sie es auf das vorbereitete Blech. Sobald das Wachs eine milchige Farbe annimmt, prüfen Sie, ob es fest ist, indem Sie es mit einer Nadel anstechen. Wenn kein flüssiges Wachs mehr austritt, können Sie es mit einem Tortenmesser vorsichtig vom Backpapier lösen.
Arbeiten Sie zügig, denn das Wachs ist nur im warmen Zustand formbar. Nun werden die Stücke für Ihr Objekt zurechtgeschnitten. Sie kommen dabei schneller voran, wenn Sie vorher aus Pappe Schablonen in der gewünschten Größe anfertigen.

Diese Herstellungsmethode bietet viele Möglichkeiten der Kerzengestaltung – von der einfachen Rollkerze (auf Seite 15 beschrieben) bis zu raffinierten Gebilden. Die auf dem Foto gezeigten Plattenkerzen werden nun der Reihe nach beschrieben.

Kerze 1 Kerze 2 Kerze 3

KERZE 1

Schneiden Sie sechs Rechtecke aus den Wachsplatten zurecht und legen Sie sie aufeinander. Der Stapel wird in der Mitte der Längsseite gefaltet und beide Enden der Schmalseiten werden nach unten umgeschlagen. Öffnen Sie die Kerze in der Mitte und drücken Sie einen Docht hinein.

KERZE 2

Schneiden Sie zehn Wachsplatten in quadratischer Form zu. Diese werden genau aufeinander gelegt. Zwischen der fünften und der sechsten Platte wird der Docht eingefügt. Drücken Sie die Platten gut an.

KERZE 3

Schneiden Sie sechs Wachsplattenquadrate zurecht und falten Sie alle diagonal. Die gefalteten Stücke werden aufeinander gelegt. In deren Mitte wird der Docht eingefügt. Drücken Sie alle Platten gut an.

KERZE 4

Schneiden Sie drei lange Rechtecke zu. Die Platten werden aufeinander gestapelt und ein Docht wird auf eine der Schmalkanten gelegt. Rollen Sie nun die Platten langsam auf und klappen Sie zuletzt die oberen Ecken nach außen.

KERZE 5

Schneiden Sie drei größere relativ lange Rechtecke zu. Diese werden aufeinander gelegt und der Längsseite entlang schlangenförmig gefaltet. Klappen Sie die Kerze in der Mitte noch einmal auseinander und legen Sie den Docht ein.

KERZE 6

Drei lange Rechtecke werden aus den Wachsplatten zurechtgeschnitten und aufeinander gestapelt. Legen Sie den Docht auf eine der Schmalkanten und rollen Sie die Platten langsam auf. Die Enden der drei Schmalkanten werden einzeln nach innen geschlagen.

KERZE 7

Schneiden Sie acht Rechtecke zu. Ein Rechteck wird in der Mitte der Längsseite gefaltet und der Docht dazwischen gelegt. Setzen Sie das nächste Teil an der unteren Mitte an (Mitte auf Mitte) und klappen Sie beide Seiten nach oben. Mit den anderen Rechtecken wird genauso verfahren.

Kerze 4 Kerze 5 Kerze 6 Kerze 7

LOTOS-
KERZEN

Neben der Grundausstattung zum Kerzengießen brauchen Sie:
• Spezialwachs für dänische Kerzen (von Efco/Hobbygross)
• gewachste Flachdochte *(3 x 10 oder 3 x 12)* • diverse Formen

Lotoskerzen oder dänische Kerzen unterscheiden sich optisch nicht von einer klassischen Kerze. Erst beim Abbrennen entstehen bizarre Formen, die an eine Blüte erinnern. Aus diesem Grund werden diese Kerzen auch Lotoskerzen genannt.
Lotoskerzen werden aus einem Spezialwachs gegossen, das im Fachhandel in Pastillenform erhältlich ist. Die Schmelztemperatur dieses Wachses liegt bei 70°C – 80°C.

So wird's gemacht:
Das Herstellen von Lotoskerzen gleicht dem von klassischen Kerzen. Sie können das Wachs beliebig einfärben oder beduften.
Sie sollten möglichst lange zylindrische Formen verwenden, z.B. aluminiumkaschierte Pappformen (Kartoffelchipsdosen) oder PVC-Abwasserrohre mit 70 mm Durchmesser (Baumarkt).
Als Dochte bieten sich dünne ungewachste Flachdochte der Größe 3 x 10 oder 3 x 12 an.
Als Abkühl- und Erstarrungszeit nach dem Gießen sollten mindestens 24 Stunden eingehalten werden.
Um die typische Blütenform zu erhalten, sollte die Kerze mindestens sechs Stunden ununterbrochen brennen. Die Blütenbildung wird durch leichtes seitliches Eindrücken des oberen Randes im warmen Zustand zusätzlich unterstützt (siehe rechte Kerze).

GIESSEN IN ABFLUSSROHRE

Kunststoffrohre gibt es im Baumarkt in verschiedenen Längen und Durchmessern zu kaufen. Sie lassen sich nach Bedarf mit der Säge kürzen.
Feilen Sie in die beiden Enden jeweils zwei gegenüberliegende Einlegerillen für die Dochtfixierung. Der Docht wird mit einem Knoten an einem Schaschlikspieß befestigt. Der Spieß wird in die Rillen an dem einen Röhrenende gelegt, der Docht durch die Röhre gezogen und am anderen Ende an den zweiten Schaschlikspieß geknotet, den Sie ebenfalls in die Rille legen.

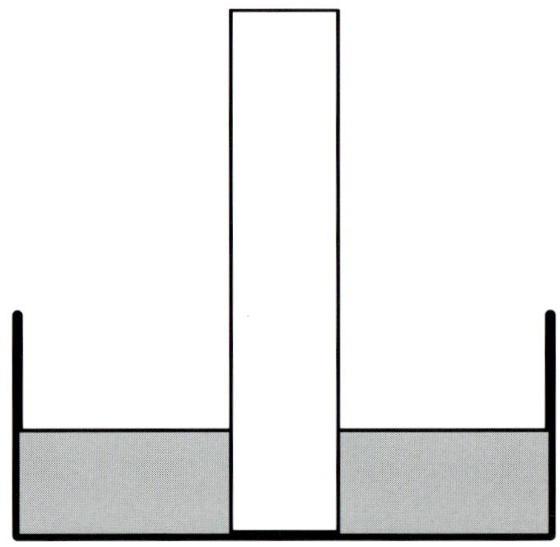

Füllen Sie ein Gefäß, z.B. einen Eimer oder eine Blechdose, ca. 10 cm hoch mit feuchtem Sand. Stecken Sie das vorbereitete Rohr so hinein, dass es standfest ist. Jetzt können Sie das flüssige Wachs eingießen.
Nach dem Entformen erwärmen Sie die Kerze in warmem Wasser und schneiden das untere sandige Ende mit einem scharfen Messer ab.

Auf die gleiche Weise können Sie klassische Kaminkerzen aus einem Paraffin/Stearingemisch herstellen. Solche Kerzen sind jetzt auch im Riesenformat (über 1 m hoch, ca. 12 cm dick) sehr aktuell.

KERZEN MIT NATUR-EINSCHLÜSSEN

Neben der Grundausstattung zum Kerzengießen brauchen Sie:
• Paraffin • Dochte • getrocknete Früchte oder Blüten zum Einschließen • Pro Kerze 2 Gießformen mit verschiedenen Durchmessern

Für Kerzen mit Natureinschlüssen wird reines Paraffin verwendet, da die Zugabe von Stearin das Wachs undurchsichtiger macht und die eingeschlossenen Objekte verdecken würde. Da die Einschlüsse deutlich hervortreten sollen, sollten Sie das Paraffin, wenn überhaupt, nur mit wenig Farbe einfärben. Die Dochtgröße wird dem Durchmesser der zuerst gegossenen Kerze angepasst. So vermeiden Sie, dass die Flamme mit den eingeschlossenen Gegenständen in Berührung kommt.

So wird's gemacht:
Gießen Sie zunächst eine Stumpenkerze. Stellen Sie diese in die Mitte einer Form, die einen ca. 3 cm größeren Durchmesser hat und einige Zentimeter höher ist als die gegossene Kerze. Die Form wird zunächst ca. 2 cm hoch mit Wachs befüllt.
Warten Sie, bis das Wachs etwas gehärtet ist und legen Sie dann die ausgewählten Objekte ein. Sie können dafür z.B. getrocknete Orangen-, Zitronen- oder Apfelscheiben, Zimtstangen, Anissterne, Kaffeebohnen und Muscheln verwenden. Damit die Fruchtscheiben und Gewürze nicht hochschwimmen, können Sie sie etwas in das noch nicht vollständig gehärtete Wachs hineindrücken. Nun wird die Form bis ca. 1 cm über den Rand der inneren Kerze voll gegossen.

EINGIESSEN VON BLÜTEN

Sehr dekorativ wirken z.B. Sonnenblumen oder Stiefmütterchen. Vor dem Eingießen müssen Sie die Blüten dehydrieren, ihnen also die Feuchtigkeit entziehen, indem Sie sie in Trockensalz legen. Wenn Sie frische Blüten mit Wachs übergießen, verlieren sie ihre Farbe.

Beachten Sie, dass getrocknete Blüten empfindlich sind und schnell brechen können.
Zum Eingießen legen Sie die dehydrierten Blüten um die Stumpenkerze und wickeln sie mit einem kaum sichtbaren Nylonfaden (ø 0,15 mm) fest. Danach stellen Sie die Kerze in die größere Form und gießen das Wachs ein.

GIESSEN IN DEKORATIVE GEFÄSSE

Neben der Grundausstattung zum Kerzengießen brauchen Sie:
• Wachsmischung für klassische Kerzen • Dochte • Knetmasse • diverse Gefäße

Sie können Wachs auch in dekorative Gefäße gießen und dann in der Form als Kerze abbrennen lassen. Dafür eignen sich alle hitzebeständigen und nicht entflammbaren Behälter, die nicht zu hoch sind, z.B. Blumentöpfe aller Art und Größe, Keksdosen (siehe Seite 7), Glasschüsseln, Keramikschüsseln usw. Stöbern Sie einmal in Ihrem Haushalt! Hier kommen Omas Zuckerdose, die noch vom Service übrig geblieben ist (siehe Seite 2), oder eine alte dekorative Sammeltasse zu neuen Ehren.
Große einfache Terrakottatöpfe und -schalen oder verzinkte Blechgefäße (siehe Seite 1) bieten sich als dekorative Kerzengefäße für Ihre Gartenparty an.

So wird's gemacht:
Bei Terrakottablumentöpfen verschließt man zunächst das Loch unten mit Knetmasse. Bei geschlossenen Formen kleben Sie ein pfenniggroßes Stück Knetmasse als Dochthalter in die Mitte des Gefäßes.
Der gewachste Docht wird in die Knetmasse gedrückt. Fixieren Sie den Docht oben in Höhe des Gefäßrandes mit einem Holzstäbchen.
Gießen Sie nun das Gefäß mit Wachs aus.

TIPP *Eine Beschäftigungsidee für den Kindergeburtstag: Lassen Sie die Kinder kleine Terrakottatöpfe mit dem Terrakotta-Pen von Hobbidee® oder Bastelfarben bemalen und gießen Sie anschließend das Gefäß mit Wachs aus. Jedes Kind bekommt dann seine eigene Kerze als kleines Geschenk mit nach Hause.*

LEUCHT-KERZEN IM MILLEFIORI-LOOK

Sie brauchen:

• Paraffinwachs • Dochte • Knetmasse • Verzierwachsplatten und Modellierwachs • Schneideunterlage • Messer • halbhohe Glasgefäße

Bei diesen Kerzen wird die Innenwand eines halbhohen Glases, z.B. eines Einmachglases mit bunten Verzierwachsplatten (in großer Farbpalette im Fachhandel erhältlich) oder Modellierwachs gestaltet und dann mit transparentem Paraffin ausgegossen. Indem Sie die Kerze hohl ausbrennen lassen, leuchten die verzierten Wände in den schönsten Farben.

Herstellung der Plättchen im Millefiorilook:

Geben Sie das Modellierwachs in einen Plastikbeutel und legen Sie es kurz in heißes Wasser, damit es sich besser formen lässt. Fertigen Sie aus dem Wachs einige dünne Röllchen an. Mehrere Wachsröllchen werden gebündelt und zu einer dicken Rolle zusammengerollt. Lassen Sie die Rolle etwas erhärten und schneiden Sie dann mit einem scharfen Messer ca. 1 mm – 2 mm dicke Scheiben ab.

Durch gezieltes Anordnen der Röllchen können Sie z.B. Blütenmuster herstellen. Manchmal ergeben sich auch beim Experimentieren die tollsten Muster.

So wird's gemacht:

Erwärmen Sie das Glas mit einem Föhn, damit das Wachs gut an der Glaswand haftet. Dann werden die zugeschnittenen Wachsplattenstücke oder die modellierten Plättchen an die Innenwand gedrückt.

Benutzen Sie einen dünnen Docht, der mithilfe von Knetmasse im Gefäß befestigt wird, damit die Kerze hohl abbrennt. Achten Sie darauf, dass Sie das Paraffinwachs gut abkühlen lassen, bevor Sie es in das Gefäß gießen.

TIPP *Damit Sie sich lange an Ihrer Leuchtkerze erfreuen können, lassen Sie die Kerze ca. bis auf ein Drittel hohl abbrennen. In den entstandenen Hohlraum können Sie immer wieder neue Teelichter stellen.*

Das Herstellen von Leuchtkerzen ist eine schöne Beschäftigung für Kinder z.B. bei einer Kindergeburtstagsfeier. Lassen Sie die Kinder ihre eigene Kerze an den Innenwänden des Glases gestalten und füllen Sie dann die Kerze mit Paraffinwachs aus.

NATURGETREUE KERZEN

Abbildung Seite 26/27

Sie brauchen zum Abformen:
• Latexmilch • Pinsel • Trockensteckmasse • Objekte zum Abformen • Spülmittel • Talkum

Mithilfe von Latexmilch können Sie einfach und schnell selbst Formen nach einer von Ihnen gewählten Vorlage herstellen.

LATEXFORMEN

Die hohe Flexibilität des Materials lässt es zu naturgetreue plastische Abformungen von verschiedenen Objekten zu machen, z.B. von Früchten oder Gemüse wie Äpfel, Birnen, Zitrusfrüchte oder Kürbisse. Auch Drogerien und Parfümerien sind eine wahre Fundgrube für Abformobjekte. Dort finden Sie Parfumflakons, Shampooflaschen, Duschgel- und Schaumbadbehälter in ausgefallenen Designs.
Verschiedene Latexformen erhalten Sie im Fachhandel.

So wird's gemacht:
Um einen Formenrand zu erhalten, stellen Sie das Originalobjekt auf einen zugeschnittenen Sockel aus Trockensteckmasse.
Streichen Sie das Objekt und den Sockel vier- bis sechsmal mit der Latexmilch ein. Stattdessen können Sie den Gegenstand auch mehrmals in die Milch eintauchen. Lassen Sie die eine Schicht immer erst trocknen, bevor Sie die nächste Schicht aufbringen.

Sobald alle Schichten getrocknet und stabil genug sind, reiben Sie die Form mit Seifenwasser ein und ziehen sie vom Gegenstand ab.

Waschen Sie nun die Seife, die sich noch auf der Latexform befindet, mit Wasser ab. Nachdem die Form getrocknet ist, pudern Sie sie mit Talkum ein. Dadurch kleben die Formwände nicht zusammen und bleiben elastisch und formstabil. Die Latexform ist nun fertig und kann mit Wachs befüllt werden.

GIESSEN IN DIE LATEXFORM

Sie brauchen:
• Paraffin • evtl. Bienenwachs • Dochte • Nadel zum Einziehen der Dochte • Latexform • Spülmittel • Talkum

Grundsätzlich ist der Gießvorgang bei Latexformen derselbe wie bei starren Kerzengießformen. Sie sollten aber als Gießmaterial kein Stearin verwenden, da es die Latexoberfläche angreift. Sie können dem Paraffin stattdessen 20% Bienenwachs zusetzen um die Brenndauer zu verlängern.
Stechen Sie mit einer Nadel ein Loch für den Docht in die Form. Achten Sie dabei darauf, dass es nicht zu groß wird. Der Docht wird mit einer Nadel eingezogen und mit einem Holzstäbchen am Formenrand fixiert.
Schneiden Sie in einen stabilen Karton eine Öffnung, durch die die Latexform gut passt. Gleichzeitig muss der Formenrand (Wulst) um die Öffnung herum auf dem Karton gut aufliegen. Stützen Sie die weiche Form auch von unten ab.

Damit Sie die Form nicht beschädigen und das Wachs nicht anklebt, beachten Sie, dass das Wachs auf ca. 75°C abgekühlt sein muss, bevor Sie es eingießen. Beim Erstarren des Wachses kann sich die flexible Gummiform leicht verziehen, daher sollten Sie die Wachsoberfläche während des Trocknens rund um den Docht mehrfach einstechen.
Reiben Sie die Gummiform an der Außenseite mit Spülmittel ein und ziehen Sie das Latex vorsichtig von der erstarrten Kerze. Spülen Sie die Form mit Wasser ab und pudern Sie sie nach dem Trocknen mit Talkum ein.
Latexformen können, sind sie erst einmal hergestellt worden, mehrere Male verwendet werden.

NATURGETREUE KERZEN

Anleitung Seite 25

KERZEN-GELWACHS

Neben der Grundausstattung zum Kerzengießen brauchen Sie:
• Kerzen-Gelwachs • spezielles Färbewachs • gewachste Dochte (3 x 8 oder 3 x 10) • dekorative Glasgefäße • evtl. Objekte zum Eingießen

Das transparente Kerzen-Gelwachs ist ein Produkt, das auch nach dem Abkühlen durchsichtig bleibt. Durch diese Eigenschaft kann man es zum Herstellen von Kerzen in dekorativen Gläsern verwenden. Indem man z.B. Trockenblumen, Glasmurmeln, Münzen, Kristalle usw. eingießt, kann man schöne Effekte erzielen.
Das Spezialwachs, das bei Raumtemperatur weich und geleeartig ist, muss auf 90°C–95°C erhitzt werden, damit es gegossen werden kann.
Mit speziellem Färbewachs und herkömmlichen Kerzenwachsfarbstoffen kann man das Material beliebig einfärben. Dadurch entstehen wunderschöne helle Pastelltöne. Im Fachhandel wird auch bereits eingefärbtes Gelwachs angeboten. Durch geringe Beigaben von speziellen Parfumölen entstehen Duftkerzen. Das Wachs hat eine ca. fünfmal längere Brenndauer als normales Kerzenwachs.

Achtung:
Kerzen-Gelwachs sollte nur im Wasserbad oder im Backofen bei 100°C geschmolzen werden.

So wird's gemacht:
Erhitzen Sie das Gel im Wasserbad oder im Backofen (bei 100°C) auf 95°C. Falls Sie das Wachs einfärben wollen, geben Sie nun das Färbewachs hinzu und rühren es vorsichtig ein, bis sich die Farbe aufgelöst hat. Lassen Sie das Gelwachs noch etwas ruhen, damit die entstandenen Luftblasen entweichen.
Um Luftblasenbildung im Wachs zu minimieren können Sie das Glas vor dem Eingießen des Wachses erwärmen.
Gießen Sie zunächst 90°C heißes Wachs in einer geringen Menge in das Gefäß. Nachdem das Gel etwas abgekühlt ist, können Sie die gewünschten Beigaben einlegen.
Geeignet sind alle nicht brennbaren Gegenstände wie Glasteile, Steine und Münzen. Dekorativ wirken auch getrocknete Blüten, Früchte und Gewürze. Bei diesen Teilen sollten Sie darauf achten, dass Sie sie nur in den Randbereich einbringen, damit sie nicht mit der Flamme in Berührung kommen.
Füllen Sie das Gefäß mit dem verflüssigtem Wachs ganz auf. Lassen Sie die entstandene Kerze nur langsam abkühlen, z.B. indem Sie das Gefäß in das heiße Wasserbad stellen um weitere Luftblasenbildung zu vermeiden. Bei Berührung mit Kälte in der Abkühlphase kann es zu einer extremen Luftblasenbildung und Eintrübung des Wachses kommen.
Sobald das Gelwachs abgekühlt und erstarrt ist, können Sie mit einer im Wasserbad erhitzten Stricknadel ein Loch für den Docht stechen. Damit die Kerze nicht rußt, verwenden Sie nur dünne gewachste Dochte der Stärke 3 x 8 oder 3 x 10.

AQUARIUM

Füllen Sie zunächst gewaschenen Dekosand in das Glas und gießen Sie etwas durchsichtiges Gel darauf. Drücken Sie die Zierobjekte in die gelierende Masse. Nachdem die Wachsschicht erstarrt ist, füllen Sie das Glas mit Gelwachs auf.

SCHICHTKERZE

Stellen Sie eingefärbtes Gelwachs in mehreren Farben bereit. Gießen Sie zunächst eine Schicht. Nach dem Erstarren des Wachses giessen Sie die nächste Schicht auf usw.

BIERGLAS

Färben Sie klares Kerzen-Gel mit honigfarbenem Farbstoff ein und füllen Sie das Glas zu zwei Dritteln damit auf. Für die Schaumkrone wird geschlagenes Kerzenwachs (Beschreibung Seite 16/17) verwendet.

KERZEN-SAND

Sie brauchen:
• Kerzensand in verschiedenen Farben • gewachste Dochte mit Ständer • Schaschlikstäbe • dekorative Gläser

Mit Kerzensand können Sie innerhalb kürzester Zeit herrliche Kerzen selbst herstellen.

So wird's gemacht:
Stellen Sie den gewachsten Docht mit Halter in ein dekoratives Glas und füllen Sie den Wachssand in beliebiger Reihenfolge ein. Wenn Sie dabei das Glas mal schräg, mal waagrecht halten, entstehen dabei Muster.
Einen Marmoriereffekt erzielen Sie, indem Sie mit einem Schaschlikstab am Rand des gefüllten Glases nach unten stechen.
Vor dem Anzünden schneiden Sie den Docht kurz. Während des Abbrennens sollte man den Docht ab und zu nachschneiden, damit die Kerze nicht rußt.

Herbstdekorationen – einfach und schnell mit Bastelmaterial von Hobbidee®

Mit dem TERRAKOTTA-PEN lassen sich neue Farbakzente auf unbehandelte Terrakottaoberflächen setzen. Ohne giftige Lösungsmitteldämpfe kann mit dem TERRAKOTTA-PEN zügig am Objekt gearbeitet werden (keine langen Trocknungszeiten!). Für die Gestaltung von Blumentöpfen und anderen Terrakottagegenständen gibt es von Hobbidee® Malvorlagen zum Abpausen, die das Übertragen schöner Motive auf runde Oberflächen wesentlich erleichtern. Schön gestaltete Terrakotta-Töpfe sind sehr dekorativ und lassen sich vielseitig einsetzen: als originelle Geschenkverpackung, als Bonbonniere, als Windlicht, fürs Büro als Stifte- oder Büroklammer-Boy, als Kaffee- oder Telefonkasse und natürlich auch als Blumentopf!

Terrakotta-Pen
Mit dem TERRAKOTTA-PEN kann man ohne lange Trocknungszeiten Terrakotta-Oberflächen mit schönen kräftigen Farben bemalen (drei Strichstärken).
Hobbidee-Art.-Nr. 14-006 01 ff.

Malvorlagen zum Abpausen
Die Motive lassen sich direkt auf Terrakotta übertragen. Eine genaue Anleitung dafür finden Sie im Vorlagenheft.
Hobbidee-Art.-Nr. 14-012 16 ff.

Und was gibt's sonst noch?

Hier eine kleine Auswahl aus mehr als 700 Titeln, die im frechverlag erschienen sind:

TOPP 2394

TOPP 2544

TOPP 2357

TOPP 2386

TOPP 2436

TOPP 2414

Impressum

TOPP 2540

Fotos:
frechverlag Stuttga
Fotostudio Ullrich &
Renningen

**Vielen Dank den Fir
Hobbygross, Rayher
Herlikofer für die Be
stellung von Materia
für dieses Buch.**

Auflage:
6. 5. 4. 3. 2.
Jahr:
2003 2002 2001 2000
Letzte Zahlen maßgebend.

frechverla

ISBN 3-7724-2540

Druck:
frechverlag GmbH +
Druck KG
D-70499 Stuttgar
Turbinenstraße 7